Bilderreise durch Ägypten

Von Hermann Josef

AF176447

Autor Herrmann Josef 2018
mail. kontakt@joachim-tritschler.de
www.joachim-tritschler.de

Ich möchte mit diesem Buch etwas Werbung für das Urlaubsparadies Ägypten machen. Entgegen aller anderslautenden Aussagen ist man als Tourist in diesem Land sehr sicher, auch wenn es eine kleine Grenzregion gibt, wo das nicht immer der Fall sein mag.

Das Land hat unermesslich viel Kultur zu bieten, die Leute sind sehr freundlich und es gibt Sonne satt. Ich möchte mit euch eine kleine Bilderreise beginnen und die daraus entstehenden Eindrücke für sich sprechen lassen. Es war und ist eine Reise wert und wir werden ganz sicher gerne wiederkommen. Begonnen haben wir mit einigen Tagen Hotel um danach eine Nilkreuzfahrt zu machen. Zum Urlaubsende hin gönnten wir uns noch einige entspannte Tage im Hotel um danach erholt die Heimreise anzutreten.

Bilder vom Lagunenstrand

Bilder aus der Anlage des Hotels Steigenberger Golf Resort El Gouna.

Ein Bild aus der Lobby des Nilschiffs.

Das Hotel in Assuan wo Agatha Christie den Roman Tod auf dem Nil geschrieben hat.

Arbeitergräber der Pharaonen am Nil

Der Totentempel von Hatschepsut der
immer noch restauriert wird.

Auch die Steinfiguren einzelner Sphinx sind
noch nicht wieder hergestellt.

Vor einem Seitenbereich des Hatschepsut Totentempels. Momentan wird der Tempel in der dritten Ebene restauriert. Der dort angefangene Tunnel um Hatschepsut direkt ins Tal der Könige zur Beisetzung zu bringen, wurde nie fertiggestellt. Uhr 18 Jahre Herrschaft haben nicht ausgereicht und ihr Nachfolger als Pharao ließ große Teile ihres Tempels zerstören, da Hatschepsut eine Frau war, die es geschafft hatte das Volk davon zu überzeugen, dass Sie in Wahrheit ein Mann sei.

Eingang zum Tal der Könige wo offiziell nur gegen hohe Gebühr in manchen Bereichen fotografiert werden darf.

Fahrt mit dem Bus durch die Steinwüste
   zwischen Hurghada und unserem Zielort
   Luxor/Theben am Nil.

Ein Blick vom Busfenster in die Sand und Steinwüste von Hurghada aus Richtung Nil.

Sonnenuntergang auf dem Nilschiff

Hier und auf weiteren Seiten kommen Landschaftsbilder entlang des Nil, nur dort ist es grün. Sonst gibt es nur Wüste.

Arbeitergräber am Nil aus der Zeit der Pharaonen.

Fischer am Nil

abends am Nil vor Anker

der Lagunenstrand in der Hotelanlage

in El Gouna.

weitere Bilder aus El Gouna

Hier und auf den folgenden Seiten einige Bilder aus Assuan und dem Stausee.

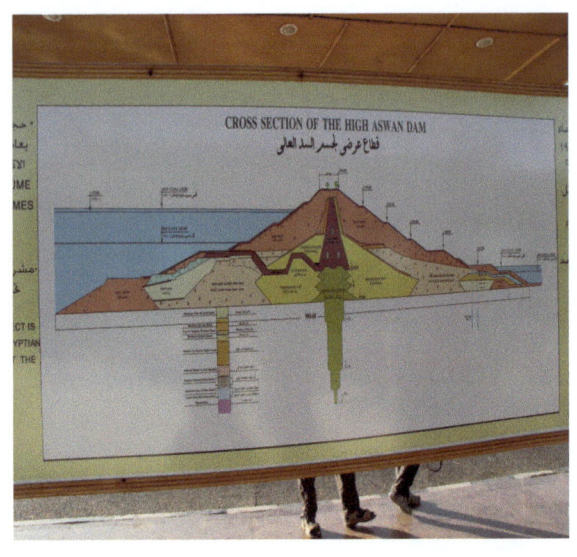

Teil eines Tempels bei Assuan der versetzt wurde um nicht in den Fluten des Stausees zu versinken. Die Restaurierungen dauern an.

Der Nil, Entspannung pur.

Die Frontansicht des in Ufernähe des Nils ausgegrabenen zweiten Tempels mitten in Luxor. Restaurierungen sind auch hier im Gange.

Ansicht der hohen Fensterfront im Luxortempel mit den teilweise erhaltenen stei-
nernen Deckenplatten.

am Eingang zum Hatschepsut Tempel.

Der Eingang zu Tal der Könige. In den Gräbern ist fotografieren nur gegen eine hohe
Gebühr möglich. Auch dürfen immer nur
höchstens drei der Gräber besichtigt

werden. Sieben bis acht Gräber sind abwechselnd geöffnet um die Luftfeuchtigkeit in den Grabstätten in Grenzen zu halten, die durch Besucher verursacht wird.

Nach drei Monaten werden wieder einige andere Gräber im Wechsel zur Besichtigung freigegeben. Das dient auch zur Erhaltung der prächtigen Farben, die man in den Gräbern findet.

Der Hatschepsut Totentempel aus der Frontansicht.

Der Essensbereich im Hotel mit Zugang zur Freiterrasse und den Pools.

Das nachfolgende Bild zeigt einen Aus-
schnitt des großen Pools, mit Blick auf die
Suiten der Gäste, wie wir auch eine hatten.

Hier folgen nun einige Bilder aus dem Karnak Tempel, der ebenfalls restauriert wird.

Er hat eine Ausdehnung in den Maßen von etwa 530 x 480 Meter und jeder Pharao hat an ihm weiter gebaut.

Seine Fertigstellung in der endgültigen Größe dauerte 2100 Jahre.

Wandzeichnungen im Karnak Tempel. Diese Art der Wandbilder findet man in beinahe allen Tempelanlagen

Auch hier im Karnak Tempel sind zahl-
reiche Restaurierungen im Gange, die noch
lange andauern werden.

Beim zweiten und nachfolgenden Bild hier ist die Deckenverzierung etwas vergrößert, um Sie besser erkennen zu können.

Der Bildausschnitt der Sphinxallee zwischen Karnak und Luxortempel. Auch hier wird restauriert und versucht diese 2,5 km lange alle quer durch die Stadt Luxor, dem ehemaligen Theben zwischen diesen beiden Tempeln wieder herzustellen.

Hier ein Einblick in die Säulenhalle des Ramses mit seinen 134 Säulen im Karnak Tempel. Auf dieser Seite sind noch die Fenster zu sehen. Um das zu ermöglichen sind auf dieser Seite die einzelnen Säulen sechzehn Meter hoch. Dort wo keine Fenster sind, beträgt ihre Höhe 22 Meter.

Dadurch wurde es möglich sechs Meter
hohe Fensterelemente einzubauen. Auch die
massiven Steindecken sind teilweise
erhalten, oder werden wieder restauriert.

Die Abbildung hier gehört zum etwas klei-
neren Luxortempel. Bei allen Anlagen in
Luxor werden höhere Geldsummen seitlich
des Staates in Restaurierungen gesteckt als
sonst im Land. Das liegt wohl einzig am
Bekanntheitsgrad von Luxor, dem ehemaligen Theben.

Hier ein sogenanntes Seitenschiff des Haupttempels. Dieser wurde als sogenannter Mumifizierungstempel genutzt.

Vom Tode bis zur Beisetzung dauerte es in der Regel bis zu 70 Tagen. Während dieser Zeit wurden die verstorbenen Pharaonen in solchen Räumen auf ihre letzte Reise vorbereitet.

Ein stark vergrößertes Bild des sogenann-
ten Nilometers.

Während der früheren Zeiten als es regel-
mässige Überschwemmungen gab, konnte
kurz vor der Regenzeit anhand des Wasser-
standes hier die zu erwartende Höhe der
Überschwemmung abgelesen werden.

Es befinden sich auch heute noch kleine Spuren von Grundwasser darin.

Nur gibt es heute keine Überschwemmungen mehr da dies durch den Assuan Staudamm und den 6000 Quadratkilometer großen Nassersee verhindert wird.

Krokodile gibt es im Nil in Ägypten auch erst oberhalb des Staudamms.

Ein Durchkommen von Krokodilen durch die Schleusen wird durch speziell entwickelte und installierte Netze verhindert.

Alleine im Stausee leben derzeit etwa zehntausend Krokodile. Da das Nilkrokodil vom aussterben bedroht ist, werden sie streng geschützt.

Hier auf dem Bild davor sieht man eine Papyrussäule und eine Lotussäule. Papyrussäulen sind gleichmäßig rund, wie man an den beiden im Vordergrund sieht.

Die Lotussäule unterscheidet sich in ihrer Form, wie man im oberen Bildteil deutlich sieht.

ein weiteres Bild aus dem Karnaktempel. Wie man in der Bildmitte im Hintergrund erkennen kann, sind an unterschiedlichen Stellen Gerüste und Absperrungen vorhanden. Das liegt daran, dass immer restauriert wird, was sicher auch noch Jahrzehnte und viel Geld in Anspruch nehmen wird.

Bei den vorherigen und dem nachfolgenden Bildern handelt es sich um Bilder einer Sphinxallee die früher den Karnak und den Luxortempel verbunden hat. Durch umfangreiche Restaurierungsarbeiten wird versucht, diese ehemals 2,5 Kilometer lange Verbindung wieder herzustellen.

Ich bin hier mit meiner kleinen Bilderreise am Ende und hoffe, dass euch die Bilder gefallen. Vielleicht reizt es euch ja, selbst einmal eine solche Reise zu unternehmen und die alten Steine Ägyptens einmal live zu erleben.

Herstellung und Verlag:
BoD - Books on Demand, Norderstedt
ISBN 978-3-7528-6216-4